꼬리별 떠돌이별 샛별 개밥바라기 보름달 초승달 조각달 바다 구름달
람 잎샘 황소바람 새털구름 비늘구름 양떼구름
장대비 작달비 채찍비 억수 첫눈 도둑눈 설밥 함박
가람 도랑 개울 내 갯벌 개 개펄 든바다 난바다 너울 메밀꽃 밀물 썰물
둥별 붙박이별 꼬리별 떠돌이별 샛별 개밥바라기 보름달 초승달 조각달
바람 꽃샘바람 잎샘바람 황소바람 새털구름 비늘구름 양떼구름 뭉게구름
개 먼지잼 장대비 작달비 채찍비 억수 첫눈 도둑눈 설밥 함박눈 가랑눈
너럭바위 가람 도랑 개울 내 갯벌 개 개펄 바다 난바다 너울 메밀꽃
별뉘 별똥별 붙박이별 꼬리별 떠돌이별 샛 밥바라기 보름달 초승달
람 건들바람 꽃샘바람 잎샘바람 황소바람 새털구름 비늘구름 양떼구름
슬비 눈개 안개 먼지잼 장대비 작달비 채찍비 억수 첫눈 도둑눈 설밥
참흙 개흙 선바위 너럭바위 가람 도랑 개울 내 갯벌 개 개펄 든바다
발 햇볕 돋은볕 뙤약볕 별뉘 별똥별 붙박이별 꼬리별 떠돌이별 샛별
바람 실바람 남실바람 산들바람 건들바람 꽃샘 황소바
잎비 잠비 떡비 가랑비 이슬비 눈개 안개 먼지잼 장대비 작달비 채찍비
들판 벌 벌판 진흙 흙 참흙 개흙 선바위 너럭바위 가람 도랑 개울 내
햇빛 햇귀 햇살 햇발 햇볕 돋은볕 뙤약볕 별뉘 별똥별 붙박이별 꼬리별
마파람 높바람 실바람 남실바람 산들바람 건들바람 꽃샘바람 잎샘바람
단비 목비 잎비 잠비 떡비 가랑비 이슬비 눈개 안개 먼지잼 장대비
잣눈 길눈 들 들판 벌 벌판 진흙 찰흙 선바위 너럭바위 가람
해돋이 해넘이 햇빛 햇귀 햇살 햇발 햇볕 돋은볕 뙤약볕 별뉘 별똥별

끼리끼리 재미있는 우리말 사전 2 　자연

뜨고 지고!

끼리끼리 재미있는 우리말 사전 2

뜨고 지고! _자연 박남일 글·김우선 그림

1판 1쇄 펴낸날 2008년 10월 9일 | **1판 21쇄 펴낸날** 2025년 3월 10일
펴낸이 이현성 | **펴낸곳** 길벗어린이㈜ | **등록번호** 제10-1227호 | **등록일자** 1995년 11월 6일
주소 03986 서울시 마포구 월드컵북로8길 25, 3F | **대표전화** 02-6353-3700 | **팩스** 02-6353-3702
홈페이지 www.gilbutkid.co.kr | **편집** 송지현 서진원 임하나 황설경 박소현 김지원 | **디자인** 김연수 송윤정
마케팅 호종민 신윤아 이가윤 최윤경 김연서 강경선 | **경영지원본부** 김혜윤 전예은 | **제조국명** 대한민국
ISBN 978-89-5582-084-3 77710 | 978-89-5582-073-7 (세트)

글 ⓒ 박남일 2008·그림 ⓒ 김우선 2008
이 책은 저작권법에 따라 보호받는 저작물이므로, 저작권자와 길벗어린이㈜의 허락 없이는 이 책의 내용을 쓸 수 없습니다.

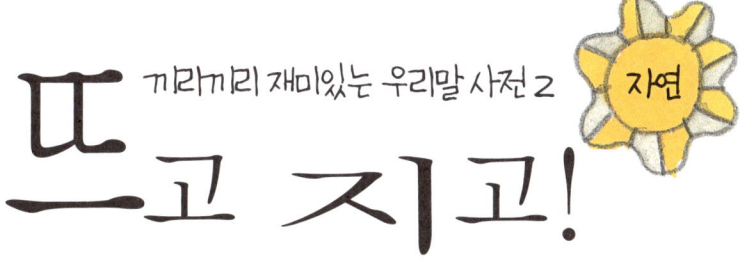

뜨고 지고!

끼리끼리 재미있는 우리말 사전 2 · 자연

박남일 글 · 김우선 그림

길벗어린이

차례

해, 달, 별

해돋이 | 해넘이 • 6

햇빛 | 햇귀 · 햇살 · 햇발 • 8

햇볕 | 돋을볕 · 뙤약볕 · 볕뉘 • 10

별똥별 | 붙박이별 · 떠돌이별 · 꼬리별 • 12

샛별 | 개밥바라기 • 14

보름달 | 초승달 · 조각달 · 반달 · 그믐달 • 16

바람과 구름

하늬바람 | 샛바람 · 마파람 · 높바람 • 18

실바람 | 남실바람 · 산들바람 · 건들바람 • 20

꽃샘바람 | 잎샘바람 · 황소바람 • 22

새털구름 | 비늘구름 · 양떼구름 · 뭉게구름 • 24

쌘비구름 | 먹장구름 · 매지구름 • 26

비와 눈

단비 | 목비 · 일비 · 잠비 · 떡비 • 28

가랑비 | 이슬비 · 는개 · 안개 · 먼지잼 • 30

장대비 | 작달비 · 채찍비 · 억수 • 32

첫눈 | 도둑눈 · 설밥 • 34

함박눈 | 가랑눈 · 싸라기눈 · 소나기눈 • 36

풋눈 | 잣눈 · 길눈 • 38

들, 강, 바다

들 | 벌 · 들판 · 벌판 • 40

진흙 | 찰흙 · 참흙 · 개흙 • 42

선바위 | 너럭바위 • 44

가람 | 도랑 · 개울 · 내 • 46

갯벌 | 개 · 개펄 • 48

든바다 | 난바다 • 50

너울 | 메밀꽃 • 52

밀물 | 썰물 · 사리 · 조금 • 54

끼리끼리 재미있는 자연 속 우리말 • 56

# 해돋이 | 해넘이

동쪽 바다에서 뜨는 해는 불쑥 솟아오르고,
산등성이에서 뜨는 해는 살며시 돋아나고.
해가 돋는 **해돋이** 무렵에는
하루를 시작하는 새 마음도 돋아나.

서쪽 바다로 지는 해는 뚝 떨어지고,
산등성이 뒤로 지는 해는 살살 넘어가고.
해가 지는 **해넘이**가 지나면
곧 저녁이 되고, 깜깜한 밤이 와.

해돋이에서 해넘이까지
해는 세상을 돌리는 커다란 시계.
잘 들어 봐. '째깍째깍'
우리 몸속에도 해를 따라 도는 시계가 있어.
해 따라 우리 몸도 일어나고 움직이고 잠을 자고.

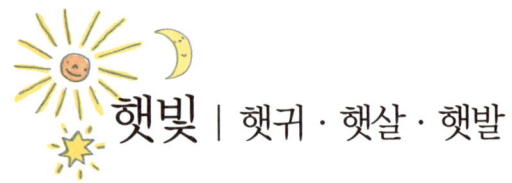

햇빛 | 햇귀 · 햇살 · 햇발

해는 세상을 밝게 비추어 주지.

달빛도 별빛도 형광등 빛도 햇빛만큼 밝지는 않아.
햇빛이 없다면 날마다 깜깜한 밤일 거야, 에그 무서워라!
참 고마운 햇빛이야.

해돋이 때 처음 솟는 가녀린 햇빛은 **햇귀**.
수많은 화살이 날아오듯, 내쏘는 햇빛은 **햇살**.
사방으로 확 퍼지듯 넓게 뻗치는 햇살은 **햇발**.

작은 햇귀가 쑥쑥 자라나 햇살이 되고,
햇살이 부채처럼 펼쳐져 눈부신 햇발이 되지.
네 꿈도 햇발처럼 활짝 펼쳐 봐!

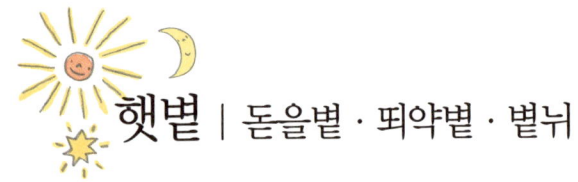

햇볕 | 돋을볕 · 뙤약볕 · 볕뉘

해는 또 세상을 따뜻하게 해줘.

햇빛은 밝고, **햇볕**은 따사롭지.
따사한 햇볕에 '해바라기'를 하면 기분이 좋아.
겨울날 드는 햇볕은 따뜻해서 고맙고,
여름날 내리쬐는 햇볕은 뜨거워서 싫어.

해돋이에 갓 돋아난 햇빛 조각은 **돋을볕**.
어둠을 밀어내며 부드럽게 세상을 비추지.

한여름에 내리쬐는 뜨거운 햇볕은 **뙤약볕**.
뙤약볕에 나가면 땀이 줄줄 흐를걸?

나뭇잎 사이나 문틈으로 비쳐 드는
작은 볕 조각은 **볕뉘**.
춥고 어두울 때 고맙게 느껴지는
햇볕 조각이지.

해, 달, 별 | 11

별똥별 | 붙박이별 · 떠돌이별 · 꼬리별

밤하늘을 봐.
수천 억 개 별이 빛나는 게 보여?
옛날 뱃사람들에게는 밤하늘에 뜬 별이
나침반이고 시계였어.

빛난다고 모두 같은 별은 아니지.
늘 제자리에 붙박여 빛을 내는 항성은 **붙박이별**,
수성, 금성처럼 해 주위를 떠도는 행성은 **떠돌이별**,

꼬리에 빛을 내며 하늘을 가로지르는 혜성은 **꼬리별**,
빛을 내며 순식간에 땅으로 떨어지는 유성은 **별똥별**.
별똥별이 떨어질 때 소원을 빌면 꼭 이루어진대.

밤하늘에 반짝이는 별이 부럽다고?
부러워 마. 우리가 사는 지구, 땅별도 별이니까.
해 둘레를 도는 떠돌이별 가운데 하나지.
떠돌이별은 저 혼자서는 빛을 낼 수 없대.
제 몸에 비친 햇빛을 되비출 뿐.

샛별 | 개밥바라기

별 중에서 가장 밝게 빛나는 별은 금성.
땅별만큼 크고, 땅별처럼 해 둘레를 도는 떠돌이별이야.
서양에서는 금성을 '비너스'라고 부르지.
로마 신화의 비너스 여신처럼 밝고 아름다운 별이니까.

금성은 저녁에도 뜨고 새벽에도 뜨지.

저녁에 서쪽 하늘에서 반짝일 때는 **개밥바라기**.

배고픈 개가 저녁밥을 바랄 때쯤 별이 뜬다고 그렇게 부른다나?

크고 밝아서 '태백성'이라고도 하지.

새벽에 동쪽 하늘에 떠 있으면 **샛별**.

날이 새는 새쪽*에 떠 있어서 샛별이야.

세상을 밝게 깨우는 별이어서 '계명성'이라고도 한대.

초롱초롱 맑은 눈을 '샛별 같은 눈동자'라고 하지.

그런데 '개밥바라기 같은 눈동자'는 없나?

* 새쪽: 동쪽을 이르는 말.

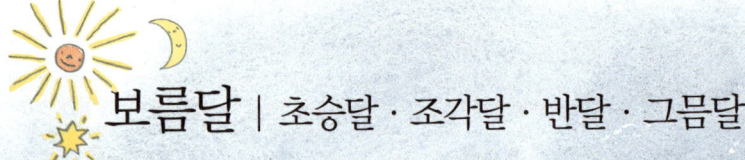

보름달 | 초승달 · 조각달 · 반달 · 그믐달

달이 땅별 둘레를 한 바퀴 돌면 한 달.
달력 한 장이 넘어가지.

달달 무슨 달.
음력 초하루나 초이틀에 뜨는 손톱 같은 **초승달**.

초승달이 조금 자라 **조각달** 되고,
조각달이 더 자라 **반달** 되고,
반달이 더 자라 음력 보름엔 꽉 찬 **보름달**이 되지.
정월 대보름달이나 한가위 보름달은 탐스럽기 그지없어.

달도 차면 기울어.
보름달은 점점 기울어 반달이 되고,
반달이 조각달 되고,
조각달은 다시 **그믐달**이 되지.

달도 '한 달'을 재는 시계!
달이 돌리는 시계는 '음력'.
해가 돌리는 시계는 '양력'.

하늬바람 | 샛바람 · 마파람 · 높바람

바람이 어느 쪽에서 불어와?

날이 새는 동쪽은 '새쪽'.
새쪽에서 불어와 **샛바람**.
봄에 많이 부는 바람이지.

하늘에 가까운 서쪽*은 '하늬쪽'.
하늬쪽에서 불어와 **하늬바람**.
가을에 불어서 '갈바람'이기도 하지.

집에서 마주 보이는 남쪽은 '마쪽'.
마쪽에서 불어와 **마파람**.
여름에 불어오는 축축한 바람이지.

집 뒤로 북쪽은 높은 쪽.
높은 쪽에서 불어와 **높바람**.
한겨울에 되게 춥게 불어서 '된바람'이기도 하지.

높바람과 샛바람이 만나면 높새바람, 북동풍.
높바람과 하늬바람이 만나면 높하늬바람, 북서풍.

*하늘에 가까운 서쪽: 옛사람들은 서쪽에 하늘님이 있다고 생각했대요.

실바람 | 남실바람 · 산들바람 · 건들바람

바람이 얼마나 세게 불어?

부는 듯 마는 듯 **실바람**에 굴뚝 연기는 실실,
잔잔한 바다에는 사르르 비늘 물결.
얼굴을 스치듯 **남실바람** 불어,
나뭇잎은 살랑살랑, 잔물결이 남실남실.
깃발이 팔락팔락 **산들바람** 불면,
바다에는 군데군데 하얀 물결.
초가을에 선들선들 **건들바람** 불어,
나뭇가지는 흔들흔들, 밀려오는 거품 물결.

휘잉, 휘이잉 바람이 세게 불어.
흔들바람, 된바람, 센바람, 큰바람.

씽씽, 쐐쐐 바람이 거세게 불어.
큰센바람, 노대바람, 왕바람,
땅 위 모든 것을 싹 쓸어가는 싹쓸바람까지.

바람이 점점 더 세게 불어.

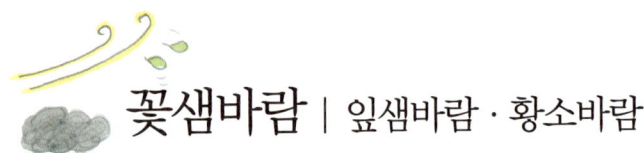

꽃샘바람 | 잎샘바람 · 황소바람

잎이 나는 걸 시샘해 부는 **잎샘바람**도
꽃이 피는 걸 시샘해 부는 **꽃샘바람**도
봄이 오는 걸 싫어하는 심술쟁이 바람.
새봄이 왔다고 얇은 옷 입었다가는
잎샘바람, 꽃샘바람에 덜덜 떨게 될걸.

한겨울에 문틈으로 솔솔 스며드는 **황소바람**,
미꾸라지처럼 솔솔 들어오는데 웬 황소바람?
좁은 틈으로 세차게 들어오니까 그렇지.
황소바람 얕봤다가는 밤새 추워서 덜덜덜.

잎샘바람, 꽃샘바람, 황소바람 모두
소리도 없이 추운 바람.
바람이든 사람이든 약하다고 얕보다가는 큰코다친다!

새털구름 | 비늘구름 · 양떼구름 · 뭉게구름

맑은 날은 높은 하늘에 흰 구름이 뜨지.

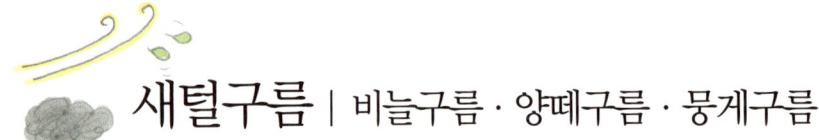

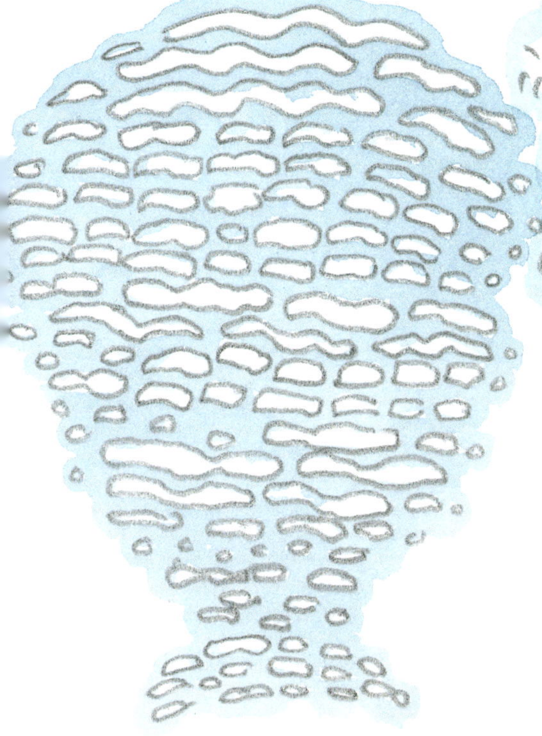

가장 높이 뜬

가벼운 새털 같은 하얀 **새털구름**.

훅 불면 날아갈듯 가녀린 구름이지.

새털구름보다 낮게 뜬

물고기 비늘처럼 촘촘한 **비늘구름**.

노을빛에 물들어 울긋불긋 꽃구름 되지.

비늘구름보다 낮게 뜬

풀밭에 하얀 양떼 같은 뭉실뭉실 **양떼구름**.

내일모레 비가 올 건가 봐.

양떼구름보다 낮게 뜬

커다란 솜사탕 같은 뭉게뭉게 **뭉게구름**.

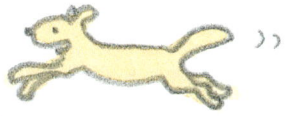

내일은 날씨가 맑겠네!

쌘비구름 | 먹장구름 · 매지구름

궂은날은 낮은 하늘에 먹구름이 떠.

한여름 뙤약볕 시키먼 **먹장구름**.
머리 위로 낮게 드리워 해를 가려 주면 참 고맙지.

소나기를 머금은 시커먼 소나기구름, **쌘비구름**.

시커멓고 커다란 구름덩어리가 높은 산처럼 솟아올랐지.

쌘비구름 몰려오면 번개가 번쩍, 우레가 우르릉 꽝!

좍좍 소나기가 쏟아져 내리지.

비를 머금은 검은 조각구름, **매지구름**.

비를 '맞이'하는 '마지구름'이 '매지구름'이 된 거지.

매지구름 몰려오면 비가 내리듯,

사람 마음에도 먹구름이 가득 끼면 비가 내려.

눈물이 나오잖아, 비처럼!

단비 | 목비 · 일비 · 잠비 · 떡비

비가 언제 내렸어?

오랜 가뭄 끝에 비가 내렸어.
그럼, 다디달게 느껴져서 **단비**.
단비라고 마시면 곤란하지.

모낼 무렵에 고맙게도 비가 내렸어.
그럼, 꼭 필요할 때 내렸다고 **목비**.
가슴과 머리를 잇는 사람 목처럼,
농사철에도 중요한 '목'이 있지.

바쁜 봄에 내리는 비는
비를 맞더라도 일하라고 **일비**.
덜 바쁜 여름철에 내리는 비는
집에서 낮잠이나 자라고 **잠비**.
추수 끝난 가을에 내리는 비는
떡 해 먹는다고 **떡비**.

때맞춰 내리는 비는 하늘이 주는 축복이야.

가랑비 | 이슬비 · 는개 · 안개 · 먼지잼

가는 비가 내리는 날이야.
우산을 쓸까 말까?

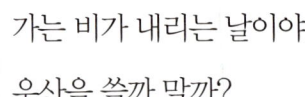

가늘게 내리는 비는 **가랑비**.
국숫발같이 가늘다고 가랑비.
가랑비보다 더 가는 비는 **이슬비**.
풀잎에 겨우 이슬이 맺힐 만큼 내려서 이슬비.

이슬비보다 더 가는 비는 는개.
늘어진 안개마냥 가늘게 내려서 는개.
는개보다 더 가는 건 안개.
안개가 부옇게 끼면 앞이 잘 보이지 않아.

오랜 가뭄 끝에 조금 내리다 마는 비는 먼지잼.
풀풀 날리는 먼지나 겨우 재웠다고 먼지잼.

장대비 | 작달비 · 채찍비 · 억수

간밤에 큰비가 내렸어.

방 안에 누워 거센 빗소리만 들은 사람은,
"자드락자드락, **작달비**가 내렸어요."
창문을 열고 눈으로 빗줄기를 본 사람은,
"장대같이 쫙쫙 **장대비**가 내리더군."

밖에서 흠뻑 비를 맞은 사람은 제 뺨을 어루만지며,
"채찍이 얼굴을 때리듯 **채찍비**가 내리더라."
쿨쿨 잠만 자느라고 비 온 줄도 몰랐던 사람은,
"듣고 보니, 간밤에 비가 **억수***로 내렸나 봐!"

간밤에 도대체 어떤 비가 내린 걸까?

* 억수: 물을 퍼붓듯이 세차게 내리는 비.

첫눈 | 도둑눈 · 설밥

눈이 언제 내렸어?

늦가을 찬바람이 불더니
겨울 문턱에서 **첫눈**이 내렸어.
처음 내려서 첫눈.

사람들이 잠든 밤새

소리 없이 살금살금 **도둑눈**이 내렸어.

도둑처럼 몰래 내려서 도둑눈.

하얗게 쌓인 도둑눈이 네 마음을 훔쳐갈지 몰라.

포근한 설날 아침에

소복소복 하얀 **설밥**이 내렸어.

흰 쌀밥처럼 보기만 해도 배가 불러 설밥.

설밥이 가득 내리면 풍년 들어 밥걱정 없을 거래.

함박눈 | 가랑눈·싸라기눈·소나기눈

눈이 어떻게 내리지?

가루처럼 조금씩 잘게 내려서 **가랑눈**.
가랑비만 있는 게 아니라 가랑눈도 있어!

굵고 탐스러운 눈송이가 펄펄 내리는 **함박눈**.
하얗게 핀 함박꽃 송이를 닮아서 함박눈이야.

싸라기처럼 바닥에 톡톡 튀며 내리는 **싸라기눈**.
부스러진 쌀 알맹이, 싸라기를 닮았지.

여름철 소나기 내리듯, 펑펑 쏟아지는 **소나기눈**.
소나기눈이 거듭 내리면 길이 막혀서 꼼짝 못하지!

 풋눈 | 잣눈 · 길눈

눈이 얼마나 쌓였어?

초겨울에 조금 내려 쌓인 듯 만 듯 **풋눈**.
조금 내리다 말아서 시시한 첫눈이지.

발목이 푹푹 빠질 만큼 한 자쯤 쌓인 **잣눈**.

눈사람도 만들고 눈싸움도 하려면

적어도 잣눈쯤 내려야지.

사람 키만큼 쌓인 **길눈**.

얼마나 눈이 내려야 길눈이 쌓일까?

며칠 동안 쉬지 않고 소낙눈이 내려야 할걸!

들 | 벌 · 들판 · 벌판

들에 나가 봤어?

펀펀하고 넓게 트인 들은

곡식과 들꽃이 자라는 기름지고 푸른 땅.

농부는 하루 종일 들에 나가 일을 하지.

넓고 편편한 벌은

풀도 나무도 잘 자라지 않는 거친 땅.

들이 펼쳐진 넓은 **들판**에는
벼 이삭이 익어가고.
벌이 사방으로 펼쳐진 넓은 **벌판**에는
찬바람이 휘몰아쳐.

들판은 가깝고 벌판은 멀고.

진흙 | 찰흙·참흙·개흙

들에 나가 흙을 만져 봐.

끈적끈적 끈기 있고 차진 **찰흙**.
물에 개어서 사람 얼굴도 만들고,
재미난 장난감도 만들어.
보슬보슬 손에 잘 비벼지는 **참흙**.
모래가 알맞게 섞인 참흙 밭은
물이 잘 빠져서 곡식이 잘 자라.

질척질척 짓이겨져 손에 달라붙는 **진흙**.

옛날 집은 진흙에 볏짚을 썰어 넣어 흙벽을 발랐대.

거무스름하고 미끈미끈 고운 **개흙**.

갯벌이나 늪 바닥에서 퍼온 흙이지.

이런 흙 저런 흙 저마다 달라도

모두 어딘가에 쓸모가 있지.

선바위 | 너럭바위

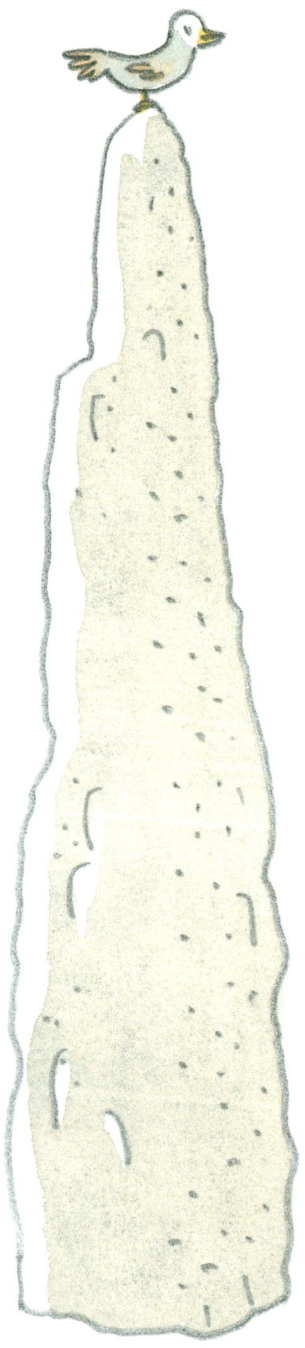

우리나라는 바위로 된 산이 많아.
울퉁불퉁 비죽비죽 바위산에 가 볼까?

우뚝 선 바위는 서 있으니까 **선바위**.
한자말로는 입석(立石).
넓적하게 누운 바위는 넓어서 **너럭바위**.
한자말로는 반석(盤石).
깔고 앉아 놀기 좋은 바위지.

모여라 돌들아, 크기대로 모여 봐!
가장 큰 바위부터
바위가 부서진 돌덩이,
한 손에 쥘 만한 돌멩이,
자질구레한 자갈,
자갈이 잘게 부서진 모래까지.

바위가 부서지고 부서져 모래가 되기까지
얼마나 오랜 시간이 지났을까?

 **가람** | 도랑·개울·내

물은 흘러 흘러 어디로 갈까?

하늘에서 내려온 물방울이 모여
졸졸졸 길 옆 **도랑**으로 흐르고,
도랑물 모여 골짜기 **개울**로 흐르고,
개울물 모여 들판의 **내**로 흐르고,
내는 모여 **가람**, 강이 되고
가람은 굽이굽이 바다에 이르지.

산과 들을 적시며 흐르는 물줄기는
우리가 사는 지구, 땅별의 핏줄기.

들, 강, 바다 | 47

 **갯벌** | 개 · 개펄

물은 흘러 흘러 바다로 가지.

흘러온 강물이 바닷물과 만나는 곳은 개.
바닷고기와 민물고기가 오르락내리락 사이좋게 놀지.
개 옆 오래된 갯마을에는 고기잡이 하는 사람들이 살아.

썰물 때면 바닷가에 거무스름하게 드러나는 넓은 **개펄**.
게, 고둥, 조개, 온갖 생명이 사는 개펄은 커다란 자연 정수기야.
더러운 물을 맑게 걸러 주거든.

바닷물이 드나드는 갯가의 넓고 편편한 땅 **갯벌**.
개펄과 모래톱, 둘레 습지*도 모두 갯벌에 속하지.
들쑥날쑥한 서해 바닷가에는 개펄도 많고, 갯벌도 많아.

이번 방학에는 바닷가로 '개펄 체험' 하러 갈까, '갯벌 체험' 하러 갈까?

*습지: 습기가 많은 축축한 땅.

든바다 | 난바다

갯벌 너머로 눈을 들면 **든바다**가 보여.
바닷가에 잇닿은 가까운 앞바다 말이야.
인천 든바다에는 배도 많고, 섬도 많고, 새도 많고.

뭍에서 멀리 떨어진 먼 바다는 **난바다**.
배를 타고 한참 나가야 보이는 넓은 바다 말이야.
원양어선은 멀리 난바다로 나가 고기를 잡지.

바다는 무척 넓어. 지구 위 3분의 2가 다 바다니까.
그런데 그 넓은 바다보다 큰 게 사람 욕심이야.
"바다는 메워도 사람 욕심은 못 채운다"는 말이 있거든.

사람 욕심이라고 다 같지는 않겠지.
놀부처럼 욕심이 난바다인 사람도 있고,
흥부처럼 욕심이 든바다에 못 미치는 사람도 있고.

너울 | 메밀꽃

큰 물결 잔물결, 바다는 언제나 출렁거려.

바람이 잔잔한 날에는
물결이 하얀 거품을 일으키며 **메밀꽃**이 일고.
바다에 웬 메밀꽃이냐고?
하얗게 부서지는 물보라가 멀리서 보면
활짝 핀 메밀꽃 무더기처럼 보이거든.

바람이 세게 부는 날에는

너울이 치지.

크고 사나운 물결이 굼실굼실 울거리며 너울이 치는 거야.

너울 치는 밤바다는 진짜 무서워.

밀물 | 썰물 · 사리 · 조금

바닷물은 날마다 오르락내리락.

하루에 두 번, 밤에도 낮에도 밀려오는 **밀물**은
개펄도 모래톱도 삼켜 버리지.
바닷물이 다시 빠져 나가는 **썰물**엔
넓은 갯벌이 드러나.

보름달이나 그믐달이 뜨면

밀물이 한가득 밀려왔다 썰물이 쫙쫙 빠져나가.

한사리, **사리** 때가 되는 거야.

하늘에 반달이 뜰 때면

밀물도 조금조금 들어오고, 썰물도 조금조금 빠져나가.

한조금, **조금** 때가 된 거지.

밀물과 썰물이 들고 나는 시간 '물때'.

물때는 신기한 바다 시계지.

해와 달이 잡아끄는 힘이 커다란 바다 시계를 돌리는 거야.

끼리끼리 재미있는 자연 속 우리말

우리 민족은 농사가 천하의 근본이라고 여겼습니다. 그런데 농사는 날씨의 영향을 많이 받습니다. 그래서 우리나라는 날씨와 관련된 말이 매우 발달되었지요.

같은 바람이라도 불어오는 방향에 따라 샛바람, 마파람, 하늬바람, 높바람으로 나누어 부르고, 세기에 따라 실바람, 남실바람, 산들바람, 건들바람 등으로 나누어 불렀습니다. 비도 이슬비, 가랑비, 소나기, 억수 등으로 내리는 세기에 따라 다르게 부르고, 또 내리는 때에 따라 다르게 불렀답니다. 오랜 가뭄 끝에 달게 내렸다고 단비, 농사철에 꼭 필요하다고 목비, 한여름에 잠이나 자라고 내리는 잠비, 추수 끝난 가을에 떡 해 먹으라고 내리는 떡비로 재미나게 불렀지요. 우리 조상들은 이처럼 자연과 하나가 되어 살았습니다.

해는 뜨고 지고, 달도 뜨고 지고, 바닷물은 물때에 맞춰 밀려갔다 밀려오지요. 이처럼 자연은 단 한 순간도 멈추지 않고 끊임없이 움직입니다. 자연은 어김없이 돌아가는 커다란 시계지요. 자연의 시계 바늘을 따라 수많은 생명이 태어나서 자라고, 또 다른 생명을 낳습니다.

이 책은 자연의 소중함과 그 속에 담긴 예쁜 우리말을 보여줍니다. 따뜻한 봄날 들꽃 핀 들길을 한 걸음 한 걸음 걷는 마음으로 한 쪽 한 쪽 그림과 함께 꼼꼼하게 읽어 보세요. 아름다운 자연을 부르는 어여쁜 우리말의 재미에 푹 빠지게 될 거예요.

2008년 8월 해남에서 박남일

박남일

선생님은 중앙대 문예창작과를 졸업하고, 우리말 연구와 인문·교양 분야 글을 써 왔습니다. 그동안 청년심산문학상, 계명문화상, 창작문학상 등을 받기도 하였습니다.
지은 책으로 《끼리끼리 재미있는 우리말 사전1 수와 양 재고 세고!》, 《끼리끼리 재미있는 우리말 사전3 밥상 지지고 볶고!》, 《좋은 문장을 쓰기 위한 우리말 풀이사전》, 《다시 살려 써야 할 아름다운 우리 옛말》, 《청소년을 위한 혁명의 세계사》, 《역사의 라이벌》 등이 있습니다.

김우선

선생님은 홍익대 미술대학을 졸업하고, 줄곧 만화와 그림 그리는 일을 하고 있습니다. 그린 책으로 《끼리끼리 재미있는 우리말 사전3 밥상 지지고 볶고!》, 《반갑다 논리야》, 《기운 센 발》, 《어린이 성경》, 《엄마》, 《지렁이 카로》 등이 있습니다.

해돋이 해넘이 햇귀 햇살 햇발 햇볕 돋을볕 뙤약볕 볕뉘 볕뜽볕 볕
하늬바람 샛바람 마파람   살바람 실바람 남실바람 산들바람 건들바람
쌘비구름 매지구름 단비 목비 잎비 잠비 떡비 가랑비 이슬비 눈개 안개
소나기눈 풋눈 잣눈 길눈 들 들판 벌 벌판 진흙 찰흙 참흙 개흙 선바위
사리 조금   해넘이 햇빛 햇귀 햇살 햇발 햇볕 돋을볕   약볕 볕
반달 그믐달 하늬바람 샛바람 마파람 높바람 실바람 남실   들바
먹장구름 쌘비구름 매지구름 단비 목비 잎비 잠비 떡비 가랑비 이슬비
싸라기눈 소나기눈 풋눈 잣눈 길눈 들 들판 벌 벌판 진흙 찰흙 참흙 개
밀물 썰물 사리 조금 해돋이 해넘이   햇귀 햇살 햇발 햇볕 돋을볕
조각달 반달 그믐달 하늬바람 샛   마파람 높바람 실바람 남실바람
뭉게구름 먹장구름 쌘비구름 매지구름 단비 목비 잎비 잠비 떡비 가
함박눈   싸라기눈 소나기눈 풋눈 잣눈 길눈 들 들판 벌 벌판
난바다 너울 메밀꽃 밀물 썰물 사리 조금 해돋이 해넘이 햇빛 햇귀
개밥바라기 보름달 초승달 조각달 반달 그믐달 하   샛바람 마
새털구름 비늘구름 양떼구름 뭉게구름 먹장구름 쌘비구름 매지구름 단
억수 첫눈 도둑눈 설밥 함박눈 가랑눈 싸라기눈 소나기눈 풋눈 잣눈
갯벌 개 개펄 든바다   너울 메밀꽃 밀물 썰물 사리 조금 해돋이
저돋이별 샛별 개밥바라기 보름달 초승달 조각달 반달 그믐달 하늬바
황소바람 새털구름 비늘구름 양떼구름 뭉게구름 먹장   쌘비구름
작달비 채찍비 억수 첫눈 도둑눈 설밥 함박눈 가랑눈 싸라기눈 소나기
도랑 개울 내   개 개펄 든바다 난바다 너울 메밀꽃 밀물 썰물 사